Impressum
Verlag: BABADADA GmbH, Nedderfeld 112 , 22529 Hamburg
Geschäftsführer / Verlagsleitung: Harald Hof
Druck: Books on Demand GmbH, In de Tarpen 42, 22848 Norderstedt

Imprint
Publisher: BABADADA GmbH, Nedderfeld 112 , 22529 Hamburg, Germany
Managing Director / Publishing direction: Harald Hof
Print: Books on Demand GmbH, In de Tarpen 42, 22848 Norderstedt, Germany

школа
Szkoła

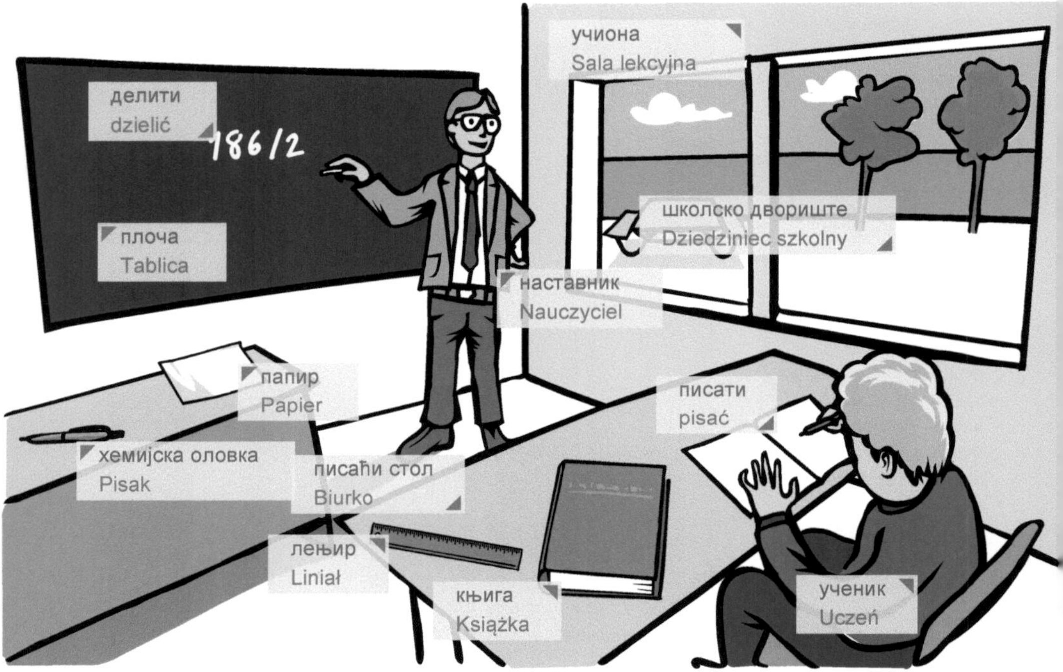

учиона
Sala lekcyjna
делити
dzielić
186/2
плоча
Tablica
школско двориште
Dziedziniec szkolny
наставник
Nauczyciel
папир
Papier
писати
pisać
хемијска оловка
Pisak
писаћи сто̄л
Biurko
лењир
Liniał
књига
Książka
ученик
Uczeń

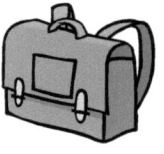

торба

Plecak szkolny

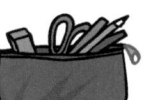

перница

Piórnik

графитна оловка

Ołówek

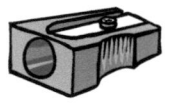

шиљило за оловке

Temperówka

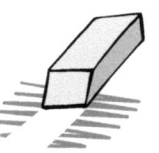

гумица за брисање

Gumka do mazania

блок за цртање

Blok rysunkowy

цртеж

Rysunek

кист

Pędzel

кутија са бојама

Pudełko z akwarelami

маказе

Nożyce

лепило

Klej

бележница

Książka do ćwiczenia

домаћи задатак

Zadanie domowe

број

Liczba

сабирати

dodawać

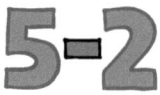

одузимати

odejmować

множити

mnożyć

рачунати

liczyć

слово

Litera

абецеда

Alfabet

реч

Słowo

текст

Tekst

читати

czytać

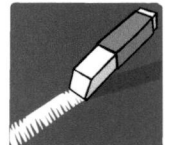

креда

Kreda

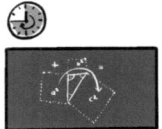

час

Godzina

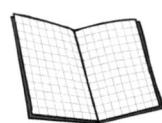

дневник

Dziennik lekcyjny

испит

Egzamin

сведочанство

Świadectwo

школска униформа

Mundurek szkolny

образовање

Wykształcenie

лексикон

Leksykon

универзитет

Uniwersytet

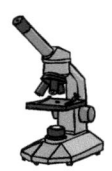

микроскоп

Mikroskop

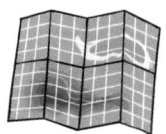

карта

Mapa

кошара за папир

Kosz na odpadki

путовање
Podróż

хотел
Hotel
Grand
преноћиште
Schronisko
ROOMS
мењачница
Kantor wymiany walut
EXCHANGE
кофер
Walizka
ауто
Auto

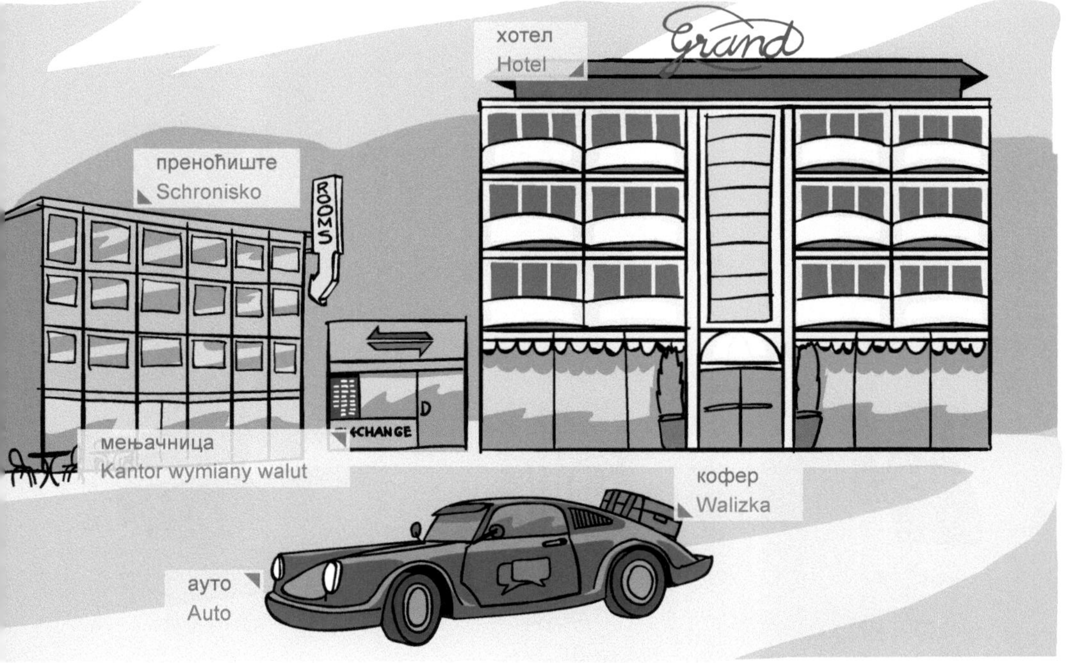

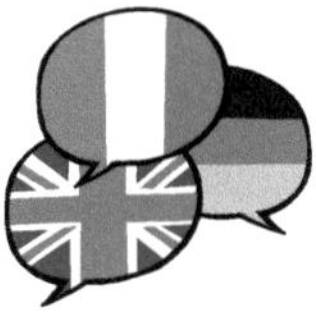

језик

Język

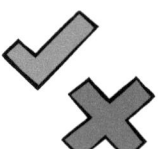

да / не

tak / nie

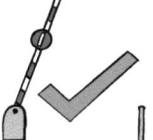

океј

OK

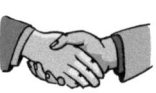

здраво

Halo

преводилац

Tłumacz

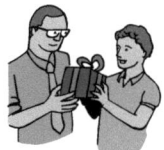

хвала

Dziękuję

Колико кошта...?

Ile kosztuje ...?

не разумем

Nie rozumiem

проблем

Problem

добро вече!

Dobry wieczór!

Добро јутро!

Dzień dobry!

Лаку ноћ!

Dobranoc!

довиђења

Do widzenia

смер

Kierunek

пртљага

Bagaż

торба

Torba

руксак

Plecak

гост

Gość

соба

Pokój

врећа за спавање

Śpiwór

шатор

Namiot

туристичке информације

Informacja turystyczna

плажа

Plaża

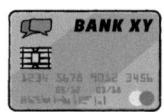

кредитна картица

Karta kredytowa

доручак

Śniadanie

ручак

Obiad

вечера

Kolacja

карта за вожњу

Bilet

лифт

Winda

поштанска маркица

Znaczek na list

граница

Granica

царина

Cło

амбасада

Ambasada

виза

Wiza

пасош

Paszport

транспорт
Transport

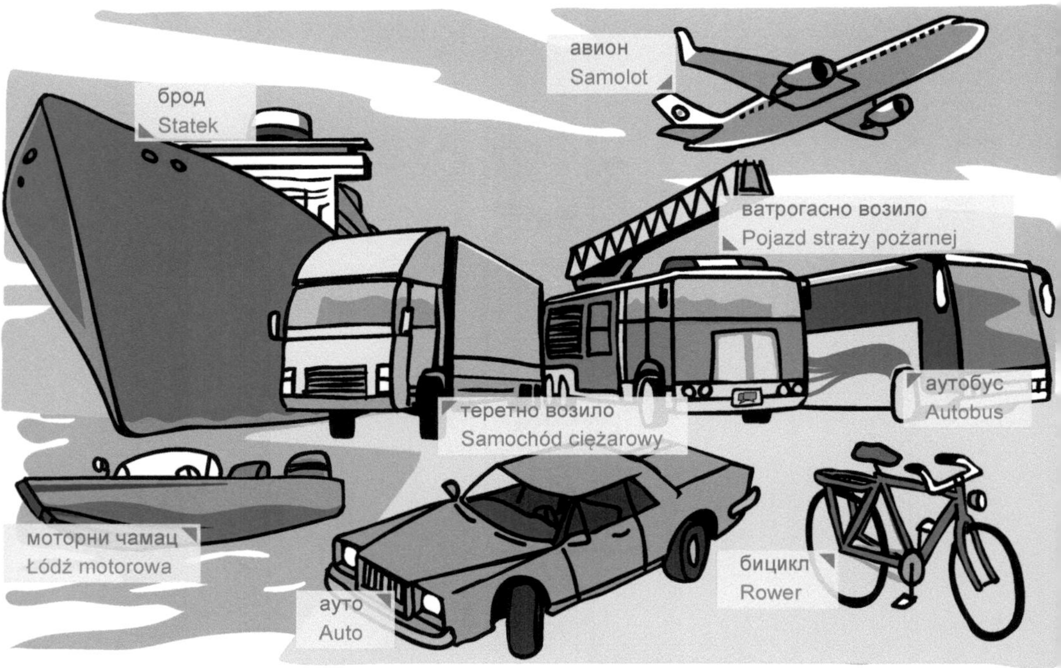

авион
Samolot
брод
Statek
ватрогасно возило
Pojazd straży pożarnej
аутобус
Autobus
теретно возило
Samochód ciężarowy
моторни чамац
Łódź motorowa
бицикл
Rower
ауто
Auto

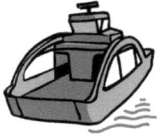

трајект

Prom

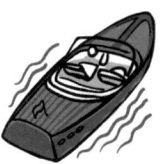

чамац

Łódź

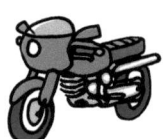

мотоцикл

Motocykl

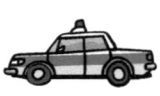

полицијски ауто

Radiowóz policyjny

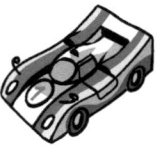

тркаћи ауто

Samochód wyścigowy

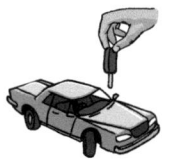

изнајмљено ауто

Samochód wypożyczony

деление аутомобила

Wspólne przejazdy
samochodem

вучно возило

Samochód pomocy
drogowej

возило за одвоз смећа

Śmieciarka

мотор

Silnik

бензин

Benzyna

бензинска станица

Stacja benzynowa

саобраћајни знак

Znak drogowy

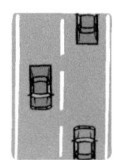

саобраћај

Ruch

застој

Korek

паркиралиште

Parking

железничка станица

Dworzec

шине

Szyny

воз

Pociąg

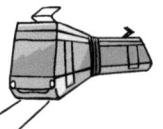

трамвај

Tramwaj

вагон

Wagon

хеликоптер

Helikopter

аеродром

Lotnisko

кула

Wieża

путник

Pasażer

контејнер

Kontener

картон

Karton

колица

Taczka

корпа

Kosz

узлетети / слетети

startować / lądować

град

Miasto

село

Wieś

центар града

Centrum miasta

кућа

Dom

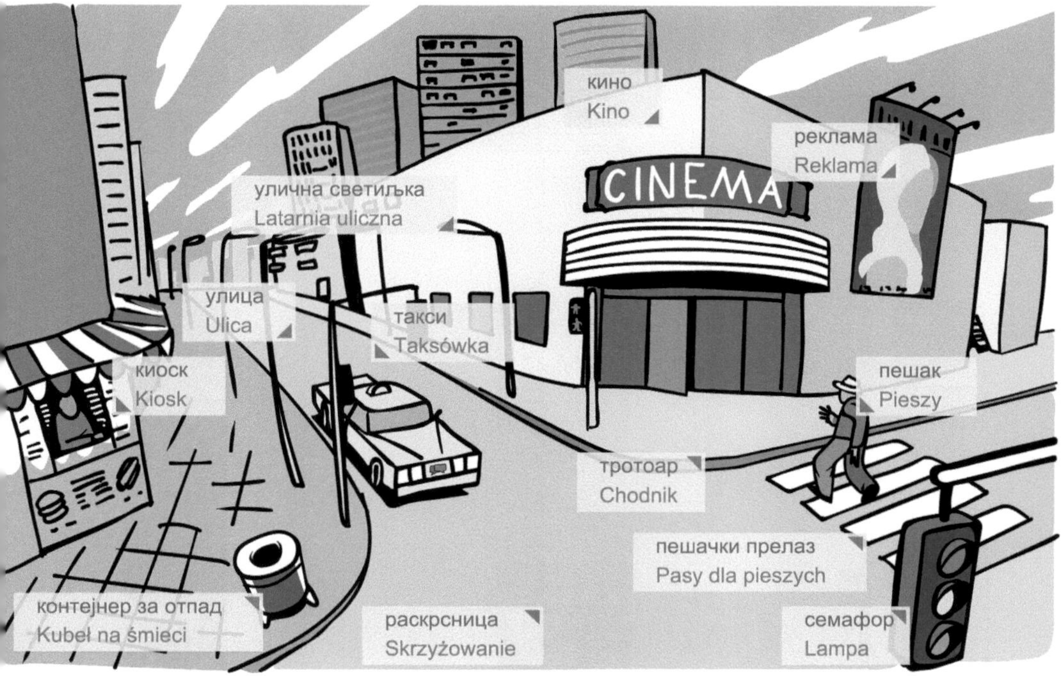
кино
Kino
реклама
Reklama
улична светиљка
Latarnia uliczna
улица
Ulica
такси
Taksówka
киоск
Kiosk
пешак
Pieszy
тротоар
Chodnik
пешачки прелаз
Pasy dla pieszych
контејнер за отпад
Kubeł na śmieci
раскрсница
Skrzyżowanie
семафор
Lampa
CINEMA

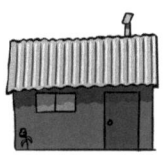

колиба

Chata

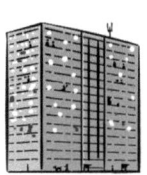

стан

Mieszkanie

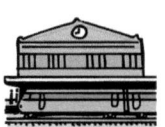

железничка станица

Dworzec

већница

Ratusz

MUSEUM

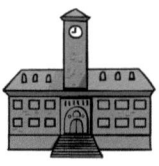

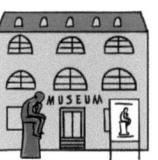

музеј

Muzeum

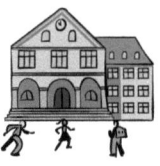

школа

Szkoła

универзитет

Uniwersytet

банка

Bank

болница

Szpital

хотел

Hotel

апотека

Apteka

канцеларија

Biuro

књижара

Księgarnia

продавница

Sklep

цвећара

Kwiaciarnia

супермаркет

Supermarket

трг

Rynek

робна кућа

Dom towarowy

рибарница

Sklep z rybami

трговачки центар

Centrum handlowe

лука

Port

парк

Park

клупа

Ławka

мост

Most

степенице

Schody

подземна железница

Metro

тунел

Tunel

аутобуска станица

Przystanek autobusowy

бар

Bar

ресторан

Restauracja

поштанско сандуче

Skrzynka na listy

улични знак

Tabliczka z nazwą ulicy

паркирни аутомат

Parkometr

зоолошки врт

Zoo

базен

Łaźnia

џамија

Meczet

сеоско газдинство

Gospodarstwo chłopskie

загађење околине

Zanieczyszczenie środowiska

гробље

Cmentarz

црква

Kościół

игралиште

Plac zabaw

храм

Świątynia

пејсаж
Krajobraz

лист
Liść

путоказ
Drogowskaz

пут
Droga

ливада
Łąka

камен
Kamień

шетач
Wędrowiec

дрво
Drzewo

река
Rzeka

трава
Trawa

цвет
Kwiat

долина

Dolina

планина

Góra

језеро

Jezioro

шума

Las

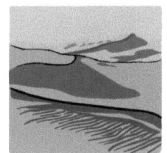

пустиња

Pustynia

вулкан

Wulkan

дворац

Zamek

дуга

Tęcza

гљива

Grzyb

палма

Palma

москито

Komar

мува

Mucha

мрав

Mrówka

пчела

Pszczoła

паук

Pająk

буба

Chrząszcz

жаба

Żaba

веверица

Wiewiórka

јеж

Jeż

зец

Zając

сова

Sowa

птица

Ptak

лабуд

Łabędź

дивља свиња

Dzik

јелен

Jeleń

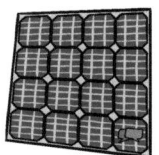

лос

Łoś

насип

Tama

ветрењача

Wiatrak

соларна плоча

Moduł solarny

клима

Klimat

ресторан

Restauracja

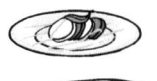

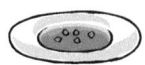

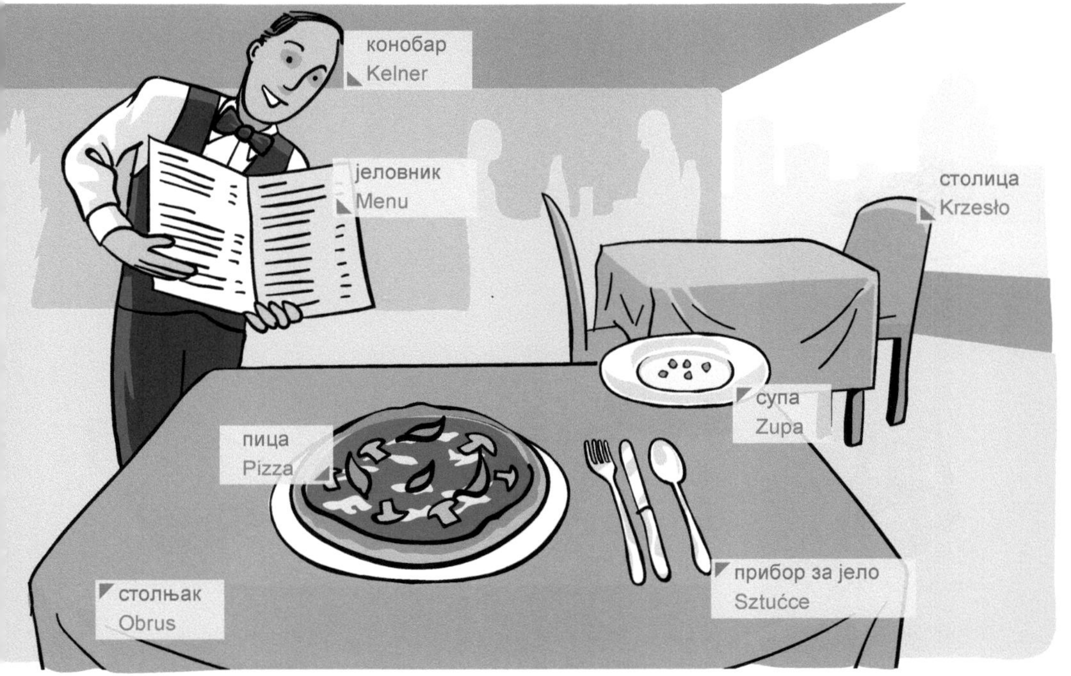

конобар
Kelner
јеловник
Menu
столица
Krzesło
супа
Zupa
пица
Pizza
прибор за јело
Sztućce
стољњак
Obrus

предјело

Przystawka

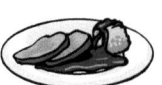

главно јело

Danie główne

десерт

Deser

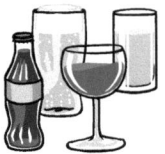

напитци

Napoje

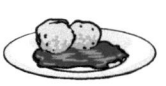

јело

Jedzenie

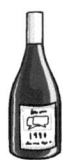

флаша

Butelka

брза храна

Fastfood

имбис храна

Streetfood

чајник

Dzbanek na herbatę

доза за шећер

Cukierniczka

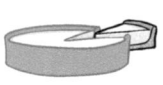

порција

Porcja

апарат за еспресо

Zaparzarka do espresso

висока столица

Krzesło dla dziecka

рачун

Rachunek

послужавник

Taca

нож

Noż

виљушка

Widelec

кашика

Łyżka

чајна кашика

Łyżeczka

салвета

Serwetka

чаша

Szklanka

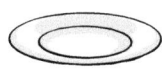

тањир

Talerz

тањир за супу

Talerz do zupy

тањирић

Podstawek pod filiżankę

сос

Sos

сољенка

Solniczka

млин за бибер

Młynek do pieprzu

сирће

Ocet

уље

Olej

зачини

Przyprawy

кечап

Keczup

сенф

Musztarda

мајонеза

Majonez

супермаркет
Supermarket

понуда
Oferta
FOR
купац
Klient
млечни производи
Produkty mleczne
воће
Owoce
колица за куповину
Wózek sklepowy

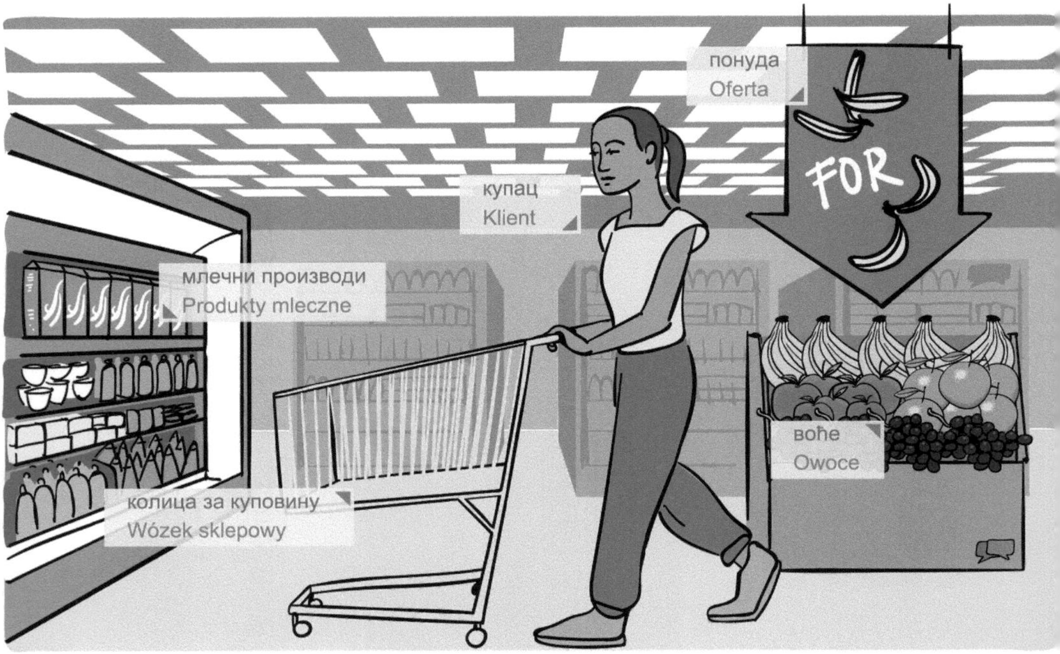

BUTCHERS

месница

Rzeźnia

BAKERY

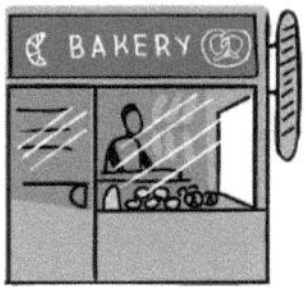

пекара

Piekarnia

вагати

ważyć

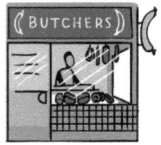

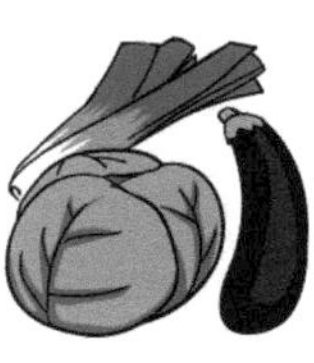

поврће

Warzywa

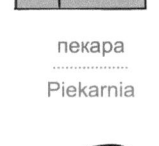

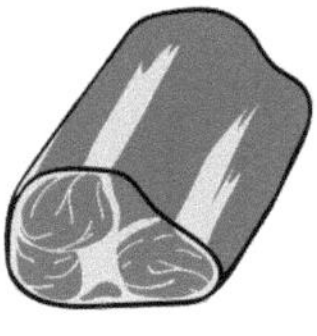

месо

Mięso

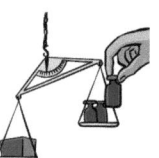

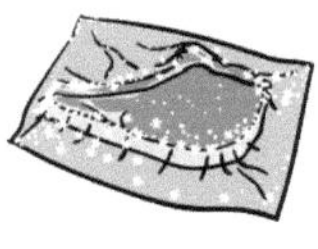

смрзнута храна

Mrożonki

нарезак
Wędliny

конзерве
Konserwy

средство за прање
Proszek m do prania

слаткиши
Słodycze

артикли за домаћинство
Artykuły użytku domowego

средства за чишћење
Środek czyszczący

продавачица
Sprzedawczyni

благајна
Kasa

благајник
Kasjer

листа за куповину
Lista zakupów

време рада
Godziny otwarcia

новчаник
Portfel

кредитна картица
Karta kredytowa

торба
Torba

пластична кеса
Torebka plastikowa

вода

Woda

сок

Sok

млеко

Mleko

кола

Cola

вино

Wino

пиво

Piwo

алкохол

Alkohol

какао

Kakao

чај

Herbata

кава

Kawa

еспресо

Espresso

капучино

Cappuccino

банана

Banan

јабука

Jabłko

наранџа

Pomarańcza

лубеница

Arbuz

лимун

Cytryna

шаргарепа

Marchew

бели лук

Czosnek

бамбус

Bambus

лук

Cebula

гљива

Grzyb

орашасти плодови

Orzechy

резанци

Makaron

шпагете

Spaghetti

рижа

Ryż

салата

Sałatka

помфрит

Frytki

печени крумпир

Ziemniaki pieczone

пица

Pizza

хамбургер

Hamburger

сендвич

Kanapka

шницла

Sznycel

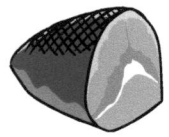

шунка

Szynka

салама

Salami

кобасица

Kiełbasa

кокош

Kura

печење

Pieczeń

риба

Ryba

зобене пахуљице

Płatki owsiane

мусли

Musli

кукурузне пахуљице

Płatki kukurydziane

брашно

Mąka

кроасан

Croissant

пециво

Bułka

хлеб

Chleb

тоаст

Toast

кекси

Ciastka

маслац

Masło

свежи сир

Twarożek

колач

Ciasto

jaje

Jajko

jaje на око

Jajko sadzone

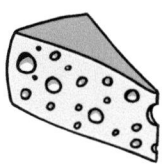

сир

Ser

сладолед

Lody

шећер

Cukier

мед

Miód

мармелада

Marmolada

нугат крема

Krem nugatowy

кари

Curry

сеоско газдинство
Gospodarstwo chłopskie

сеоска кућа
Dom rolnika
амбар
Stodoła
бале сена
Baloty słomy
поље
Pole
коњ
Koń
приколица
Przyczepa
трактор
Traktor
ждребе
Źrebię
магарац
Osioł
овца
Owca
лане
Jagnię

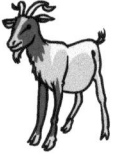

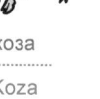

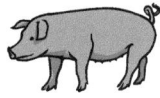

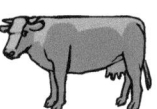

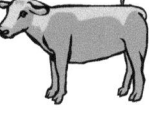

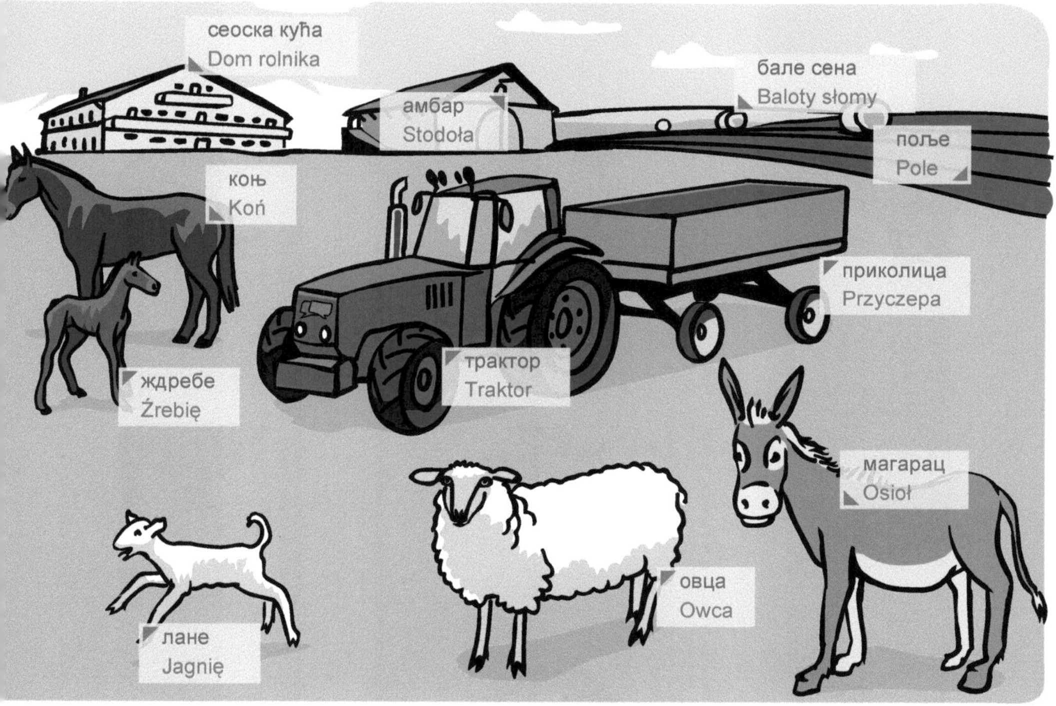

коза

Koza

крава

Krowa

теле

Cielę

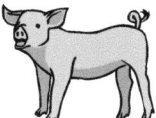

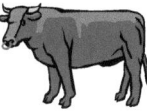

свиња

Świnia

прасе

Prosię

бик

Byk

гуска

Gęś

патка

Kaczka

пилићи

Kurczątko

кокош

Kura

петао

Kogut

пацов

Szczur

мачка

Kot

миш

Mysz

вол

Osioł

пас

Pies

кућица за пса

Buda dla psa

вртно црево

Wąż ogrodowy

канта за поливање

Konewka

коса

Kosa

плуг

Pług

срп

Sierp

мотика

Graca

виљушка за ђубриво

Widły

секира

Siekiera

тачке

Taczka

корито

Koryto

посуда за млеко

Kanka na mleko

вреħа

Worek

ограда

Płot

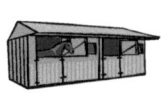

штала

Stajnia

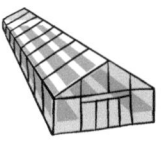

стакленик

Szklarnia

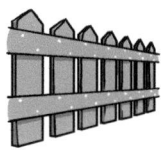

земља

Ziemia

семе

Nasiona

ђубриво

Nawóz

комбајн

Kombajn zbożowy

жети
zbierać

жетва
Żniwa

јамс зачин
Podchrzyn

пшеница
Pszenica

соја
Soja

крумпир
Ziemniak

кукуруз
Kukurydza

уљана репица
Rzepak

воћка
Drzewo owocowe

гомољ маниоке
Maniok

житарице
Zboże

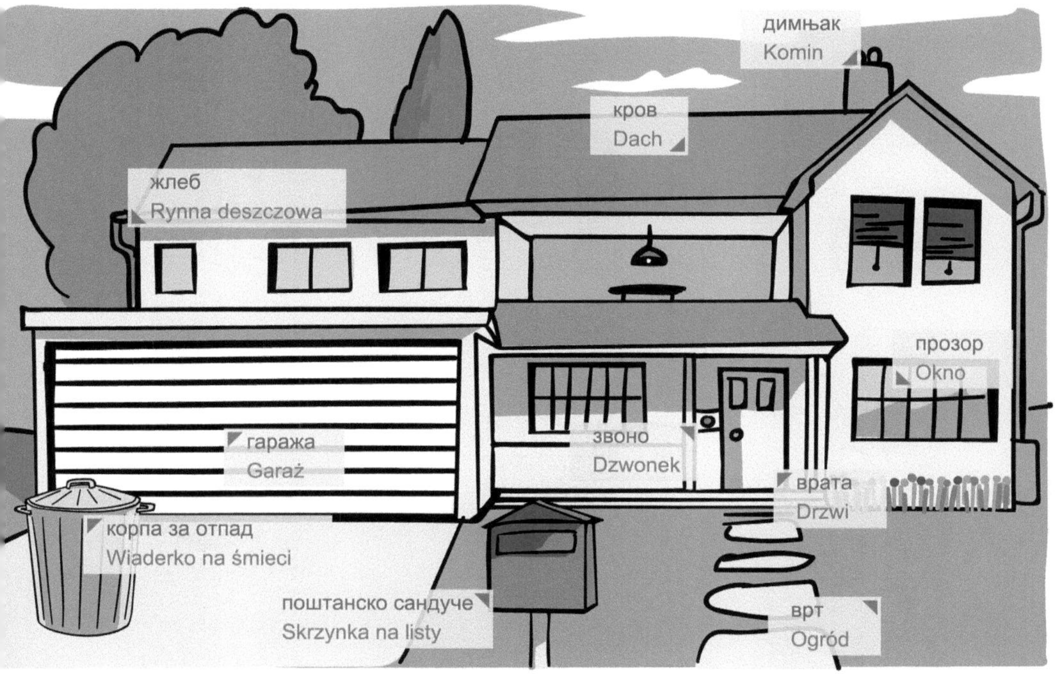

димњак
Komin

кров
Dach

жлеб
Rynna deszczowa

прозор
Okno

гаража
Garaż

звоно
Dzwonek

врата
Drzwi

корпа за отпад
Wiaderko na śmieci

поштанско сандуче
Skrzynka na listy

врт
Ogród

дневна соба

Pokój dzienny

купаоница

Łazienka

кухиња

Kuchnia

спаваћа соба

Sypialnia

дечија соба

Pokój dziecięcy

трпезарија

Jadalnia

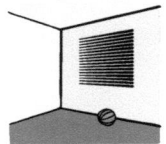

под
....
Ziemia

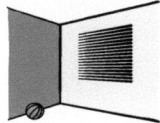

зид
....
Ściana

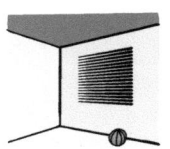

строп
....
Koc

подрум
....
Piwnica

сауна
....
Sauna

балкон
....
Balkon

тераса
....
Taras

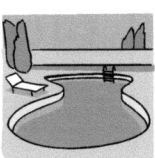

базен
....
Basen

косилица за траву
....
Kosiarka do trawy

постељина за кревет
....
Poszwa

дека за кревет
....
Kołdra

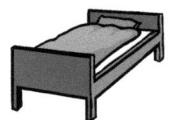

кревет
....
Łóżko

метла
....
Miotła

канта
....
Wiadro

прекидач
....
Włącznik

дневна соба
Pokój dzienny

тапета
Tapeta
слика
Obraz
светиљка
Lampa
регал
Regał
ормар
Szafa
телевизија
Telewizor
камин
Komin
цвет
Kwiat
јастук
Poduszka
кауч
Kanapa
ваза
Wazon
даљински управљач
Pilot

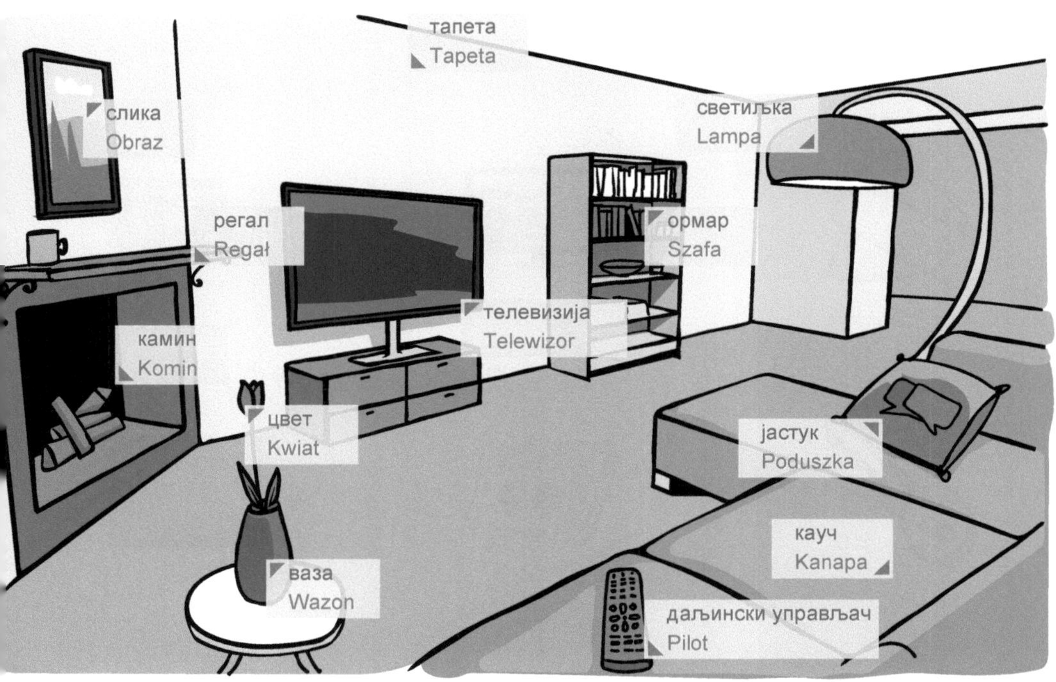

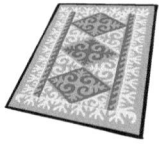

тепих

Dywan

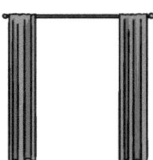

завеса

Zasłona

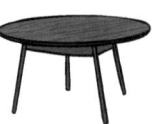

сто

Stół

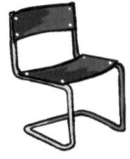

столица

Krzesło

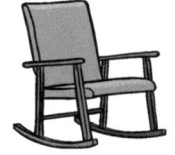

столица за њихање

Bujak

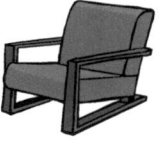

фотеља

Fotel

књига
Książka

дека
Sufit

декорација
Dekoracja

дрво за огрев
Drewno kominkowe

филм
Film

хи-фи уређај
Instalacja stereo

кључ
Klucz

новине
Gazeta

слика на платну
Malunek

постер
Plakat

радио
Radio

блок за писање
Notatnik

усисивач
Odkurzacz

кактус
Kaktus

свећа
Świeczka

кухиња
Kuchnia

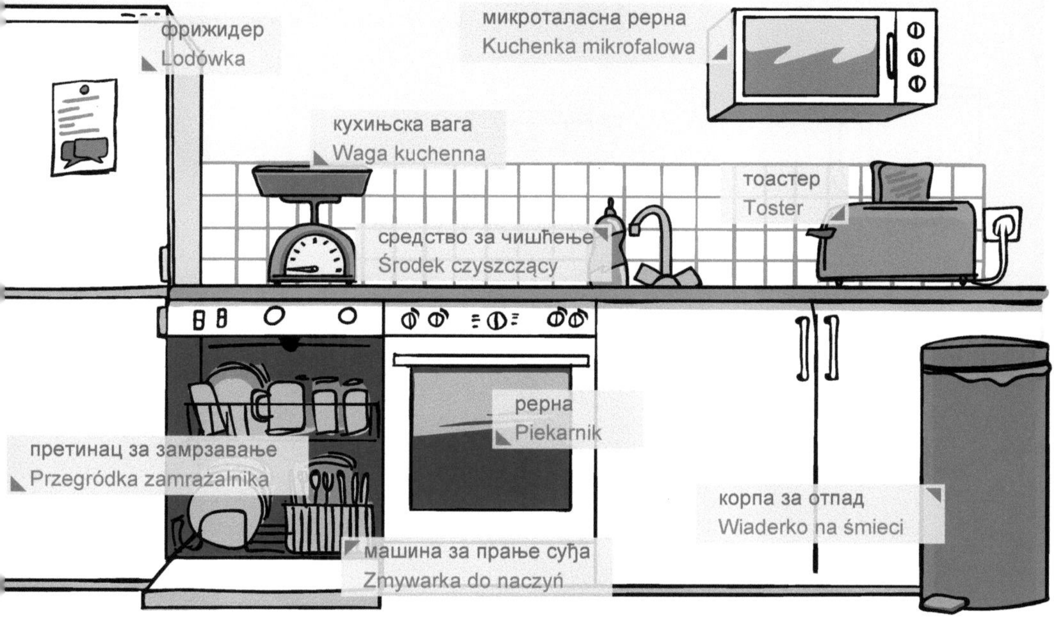
фрижидер
Lodówka
микроталасна рерна
Kuchenka mikrofalowa
кухињска вага
Waga kuchenna
тоастер
Toster
средство за чишћење
Środek czyszczący
рерна
Piekarnik
претинац за замрзавање
Przegródka zamrażalnika
корпа за отпад
Wiaderko na śmieci
машина за прање суђа
Zmywarka do naczyń

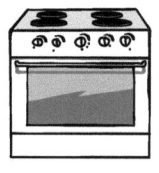

шпорет

Kuchenka

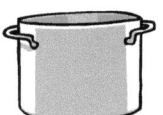

лонац

Garnek

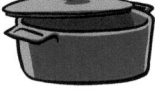

гвоздени лонац

Kocioł żeliwny

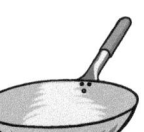

вок / кадаи

Wok / Kadai

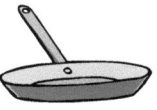

тава

Patelnia

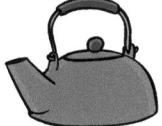

кувало за воду

Czajnik

кувало на пару

Parowar

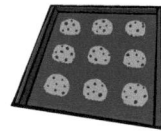

лим за печење

Blacha do pieczenia

посуђе

Naczynia kuchenne

чаша

Kubek

посуда

Miska

штапићи за јело

Pałeczki

кутлача

Nabierka

лопатица

Łopatka do smażenia

пењача

Trzepaczka do śmietany

сито за кување

Cedzak

сито

Sitko

рибеж

Tarka

мужар

Moździerz

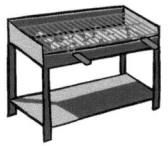

роштиљ

Grillowanie

огњиште

Palenisko

даска

Deska

оклагија

Wałek do ciasta

вадичеп

Korkociąg

конзерва

Puszka

отварач конзерви

Otwieracz do puszek

крпа за лонац

Ściereczka do trzymania garnka

судопер

Umywalka

четка

Szczotka

сунђер

Gąbka

миксер

Mikser

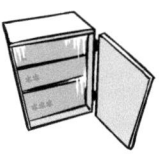

замрзивач

Zamrażarka

флашица за бебе

Butelka dla niemowlęcia

славина за воду

Kran

купаоница

Łazienka

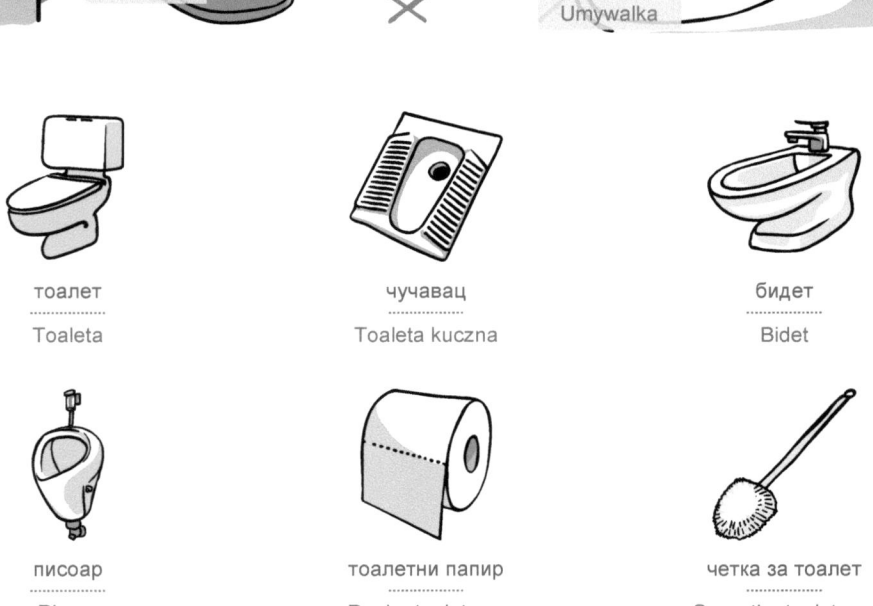

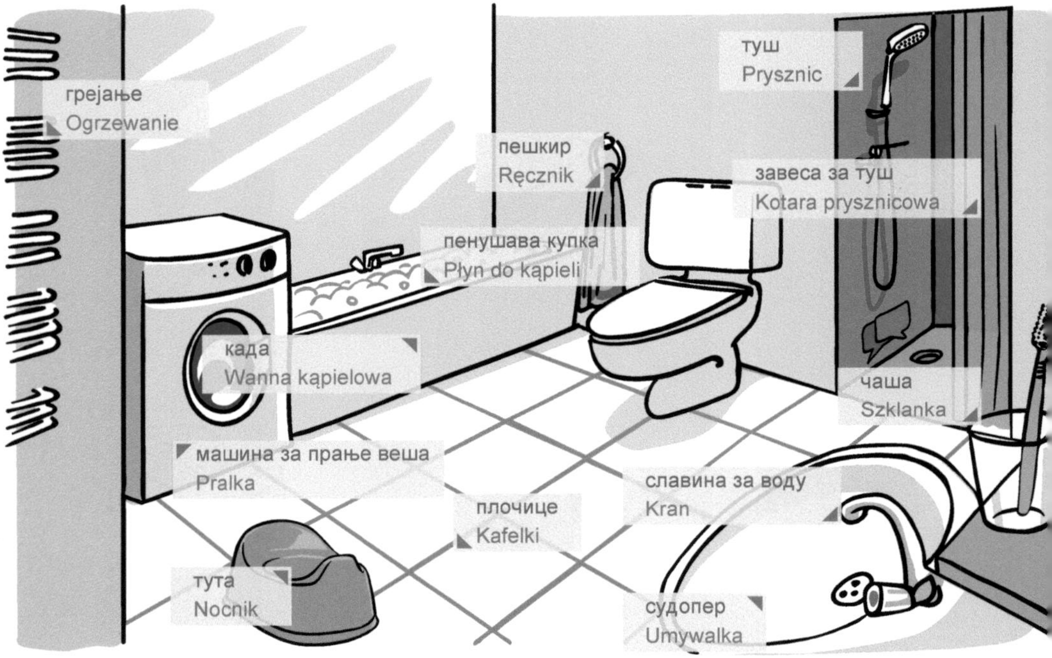
туш
Prysznic
грејање
Ogrzewanie
пешкир
Ręcznik
завеса за туш
Kotara prysznicowa
пенушава купка
Płyn do kąpieli
када
Wanna kąpielowa
чаша
Szklanka
машина за прање веша
Pralka
славина за воду
Kran
плочице
Kafelki
тута
Nocnik
судопер
Umywalka

тоалет

Toaleta

чучавац

Toaleta kuczna

бидет

Bidet

писоар

Pisuar

тоалетни папир

Papier toaletowy

четка за тоалет

Szczotka toaletowa

четкица за зубе

Szczoteczka do zębów

паста за зубе

Pasta do zębów

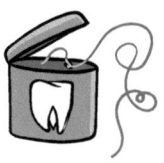

конац за зубе

Nitki do czyszczenia zębów

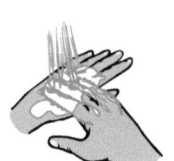

прати

myć

туш ручица

Głowica prysznicowa

туш за прање интимних делова

Płyn kąpielowy do higieny intymnej

лавор

Miska do mycia

четка за прање леђа

Szczotka kąpielowa

сапун

Mydło

гел за туширање

Żel prysznicowy

шампон

Szampon

крпа за прање

Rękawica kąpielowa

одвод

Odpływ

крема

Krem

дезодоранс

Dezodorant

огледало

Lustro

козметичко огледало

Lustro kosmetyczne

бријач

Golarka

пена за бријање

Pianka do golenia

лосион за после бријања

Woda po goleniu

чешаљ

Grzebień

четка

Szczotka

фен за косу

Suszarka do włosów

спреј за косу

Spray do włosów

шминка

Makijaż

руж за усне

Pomadka

лак за нокте

Lakier do paznokci

вата

Wata

маказе за нокте

Nożyczki do paznokci

парфем

Perfum

козметичка торбица

Kosmetyczka

столица

Taboret

вага

Waga

огртач

Szlafrok kąpielowy

рукавице за чишћење

Rękawice gumowe

тампон

Tampon

уложак

Podpaska damska

хемијски тоалет

Toaleta chemiczna

дечија соба

Pokój dziecięcy

будилник
Budzik
плишана играчка
Pluszowa przytulanka
ауто играчка
Samochodzik
звечка
Grzechotka
кућица за лутке
Domek dla lalek
поклон
Prezent

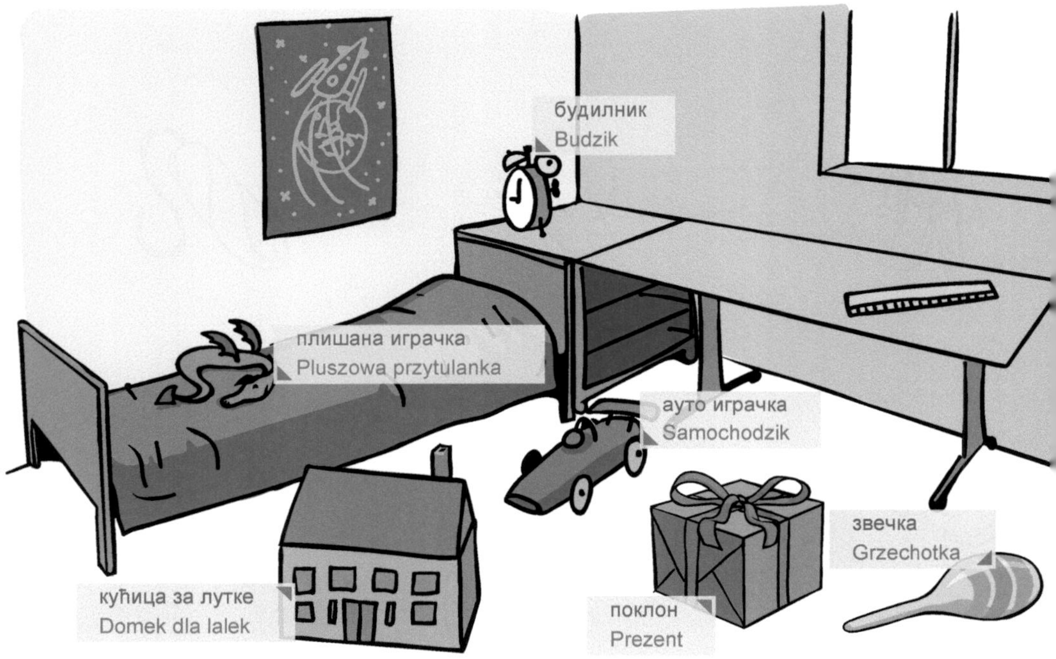

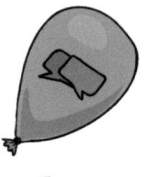

балон

Balon

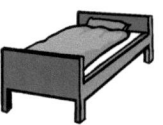

кревет

Łóżko

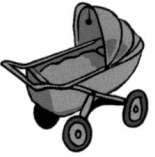

дјечија колица

Wózek dziecięcy

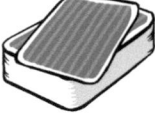

игра са картама

Gra w karty

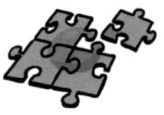

слагалица

Puzzle

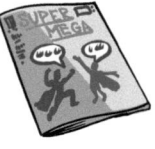

стрип

Komiks

лего коцкице

Klocki lego

коцкице за слагање

Klocki

акциони јунак

Action figura

бенкица за бебе

Śpioszek dziecięcy

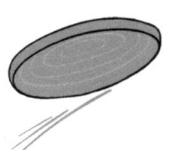

фризби

Frisbee

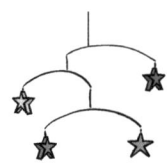

висеће играчке

Zabawki ruchome

друштвене игре

Gra planszowa

коцка

Kości

минијатурна жељезница

Kolejka elektryczna

дуда

Smoczek

забава

Przyjęcie

сликовница

Książka z ilustracjami

лопта

Piłka

лутка

Lalka

играти

bawić się

пешчаник

Piaskownica

љуљачка

Huśtawka

играчка

Zabawki

конзола за игре

Konsola do gier

трицикл

Rowerek trójkołowy

теди

Pluszowy miś

ормар

Szafa ubraniowa

одећа

Ubiór

кратке чарапе

Skarpety

чарапе

Pończochy

хулахопке

Rajstopy

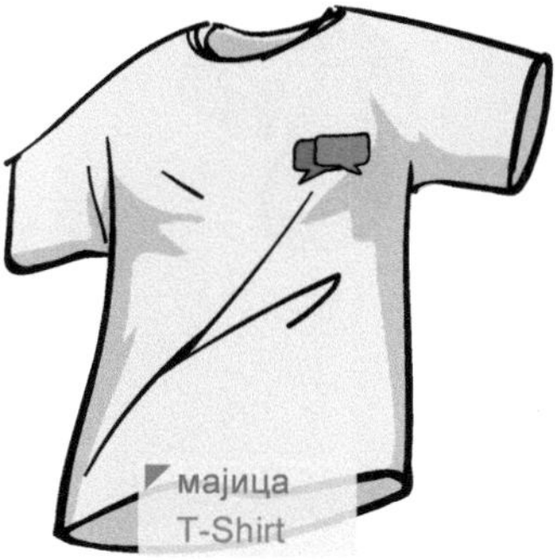

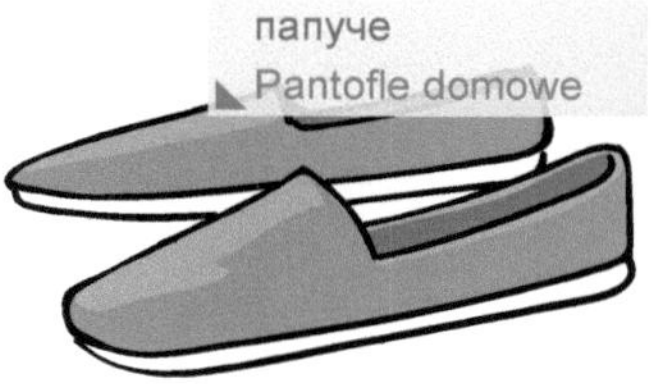

шал
Szal

каиш
Pasek

кишобран
Parasol

мајица
T-Shirt

чизме
Kozaki

патике
Obuwie sportowe

папуче
Pantofle domowe

сандале
Sandały

ципеле
Buty

гумене чизме
Kalosze

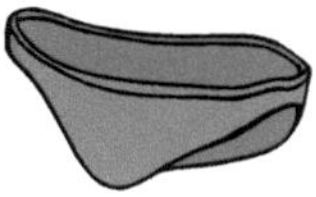

гаћице
Majtki

грудњак
Biustonosz

поткошуља
Podkoszulek

боди

Body

панталоне

Spodnie

фармерке

Dżins

сукња

Spódnica

блуза

Bluzka

кошуља

Koszula

џемпер

Pulower

џемпер с капуљачом

Bluza sportowa

сако

Marynarka

јакна

Kurtka

мантил

Płaszcz

кабаница

Płaszcz przeciwdeszczowy

костим

Kostium

хаљина

Sukienka

венчаница

Suknia ślubna

одело

Garnitur męski

спаваћица

Koszula nocna

пиџама

Piżama

сари

Sari

марама за главу

Chusta na głowę

турбан

Turban

бурка

Burka

кафтан

Kaftan

абаја

Abaya

купаћи костим

Strój kąpielowy

купаће гаћице

Kąpielówki

кратке панталоне

Krótkie spodnie

одећа за тренинг

Dres sportowy

кецеља

Fartuch

рукавице

Rękawiczki

дугме

Guzik

наочаре

Okulary

наруквица

Bransoletka

огрлица

Łańcuszek

прстен

Pierścionek

наушница

Kolczyk

капа

Czapka

вешалица

Wieszak

шешир

Kapelusz

кравата

Krawat

патент затварач

Zamek błyskawiczny

кацига

Kask

нараменице

Szelki

школска униформа

Mundurek szkolny

униформа

Mundur

подбрадак

Śliniaczek

дуда

Smoczek

пелена

Pieluszka

канцеларија
Biuro

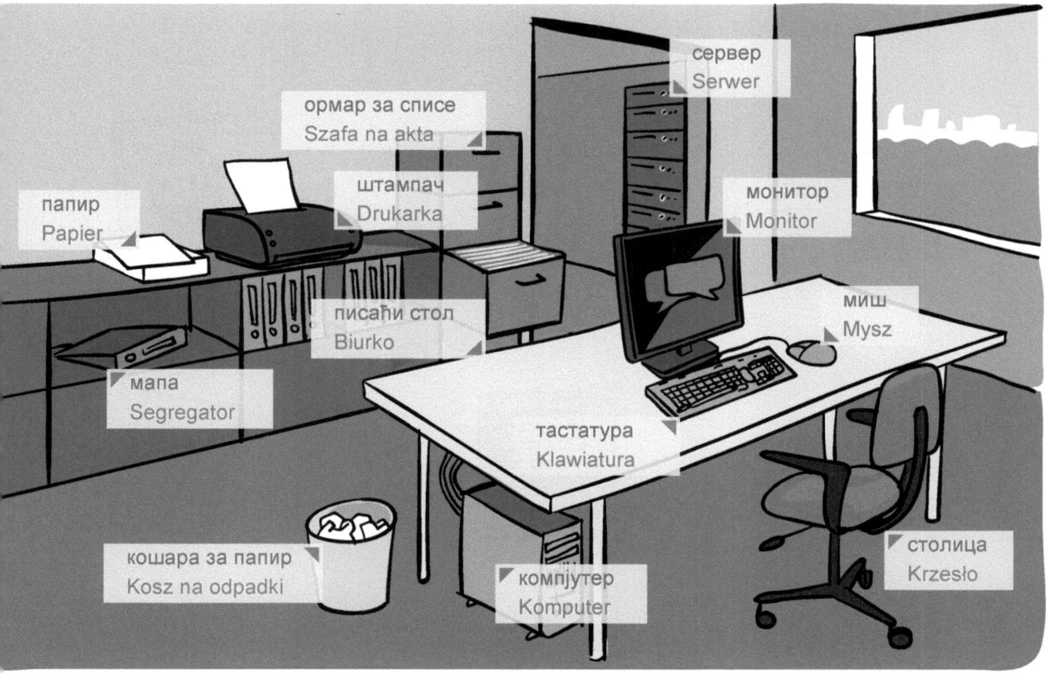

сервер
Serwer

ормар за списе
Szafa na akta

штампач
Drukarka

монитор
Monitor

папир
Papier

миш
Mysz

писаћи стол
Biurko

мапа
Segregator

тастатура
Klawiatura

кошара за папир
Kosz na odpadki

столица
Krzesło

компјутер
Komputer

шалица за каву

Filiżanka do kawy

калкулатор

Kalkulator

интернет

Internet

лаптоп

Laptop

писмо

List

порука

Wiadomość

мобилни телефон

Komórka

мрежа

Sieć

уређај за копирање

Kopiarka

софтвер

Oprogramowanie

телефон

Telefon

утичница

Gniazdko

факс

Faks

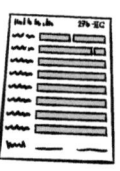

формулар

Formularz

документ

Dokument

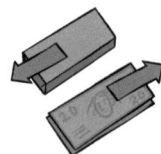

купювати

kupić

платити

płacić

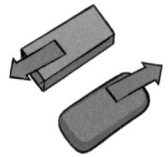

трговати

postępować

новац

Pieniądze

долар

Dolar

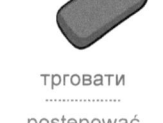

евро

Euro

јен

Jen

рубља

Rubel

швајцарски франак

Frank

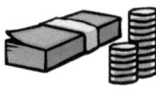

ренминдби јуан

Juan Renminbi

рупија

Rupia

аутомат за новац

Bankomat

мењачница

Kantor wymiany walut

злато

Złoto

сребро

Srebro

нафта

Olej

енергија

Energia

цена

Cena

уговор

Umowa

порез

Podatek

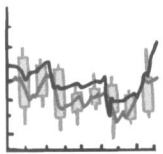

деонице

Akcja

радити

pracować

службеник

Pracownik umysłowy

послодавац

Pracodawca

фабрика

Fabryka

продавница

Sklep

занимања

Zawody

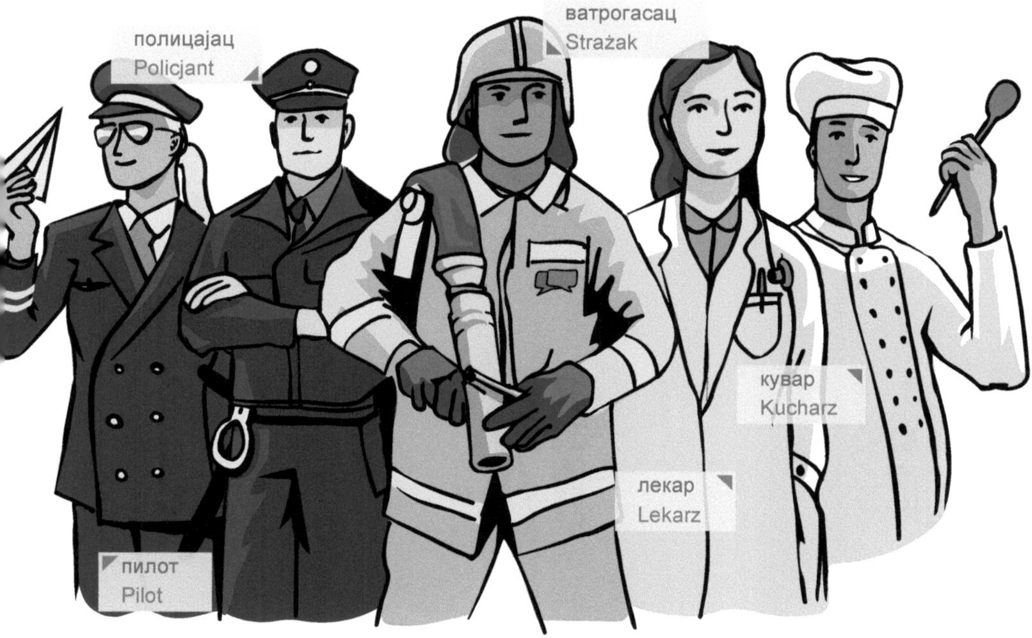

полицајац
Policjant
ватрогасац
Strażak
кувар
Kucharz
лекар
Lekarz
пилот
Pilot

вртлар

Ogrodnik

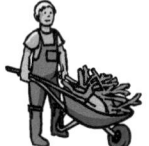

столар

Stolarz

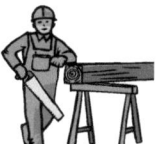

кројачица

Krawcowa

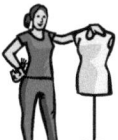

судија

Sędzia

хемичар

Chemik

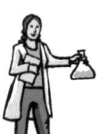

глумац

Aktor

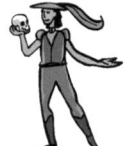

возач аутобуса

Kierowca autobusu

возач таксија

Taksówkarz

рибар

Fischer

чистачица

Sprzątaczka

кровопокривач

Dekarz

конобар

Kelner

ловац

Myśliwy

сликар

Malarz

пекар

Piekarz

електричар

Elektryk

грађевински радник

Robotnik budowlany

инжењер

Inżynier

месар

Rzeźnik

лимар

Instalator

поштар

Listonosz

војник
Żołnierz

архитекта
Architekt

благајник
Kasjer

цвећар
Florysta

фризер
Fryzjer

кондуктер
Konduktor

механичар
Mechanik

капетан
Kapitan

зубар
Dentysta

научник
Naukowiec

раби
Rabin

имам
Imam

монах
Mnich

свећеник
Proboszcz

алати
Narzędzia

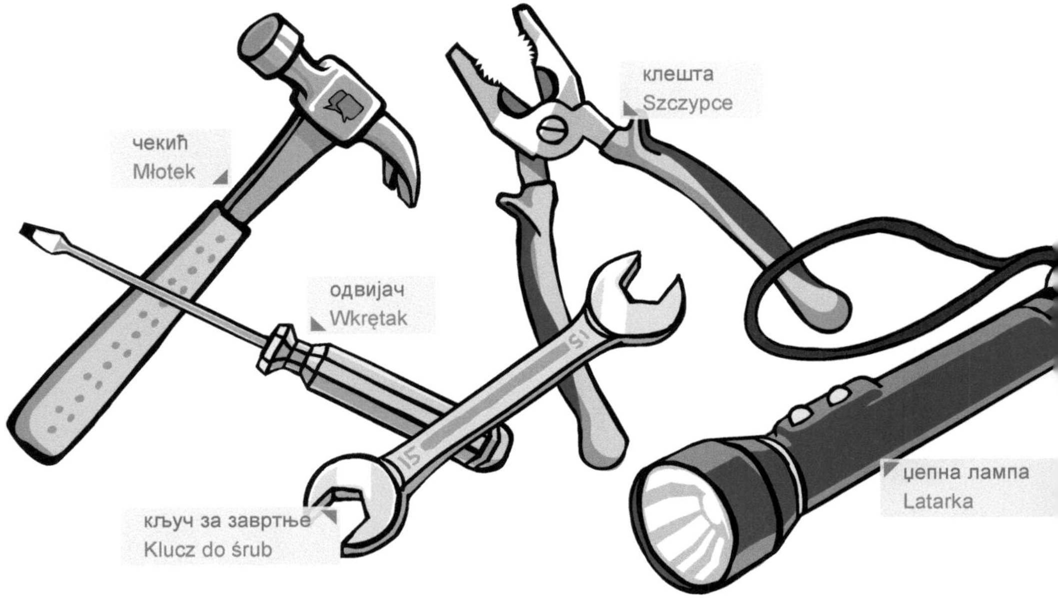

чекић
Młotek
клешта
Szczypce
одвијач
Wkrętak
кључ за завртње
Klucz do śrub
цепна лампа
Latarka

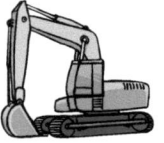

багер

Koparka

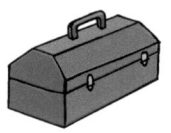

кутија за алат

Skrzynka narzędziowa

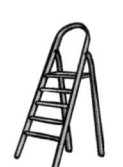

мердевине

Drabina

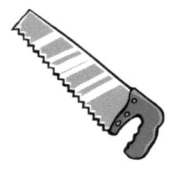

пила

Piła

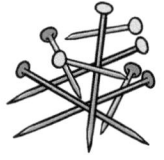

ексер

Gwoździe

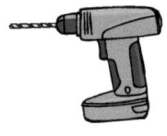

бушилица

Wiertło

поправити

naprawić

лопата

Łopatka

до ђавола!

Cholera!

лопатица

Szufelka

лонац за боју

Puszka z farbą

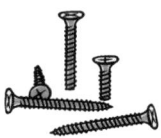

завртањи

Śruby

музички инструмент
Instrumenty muzyczne

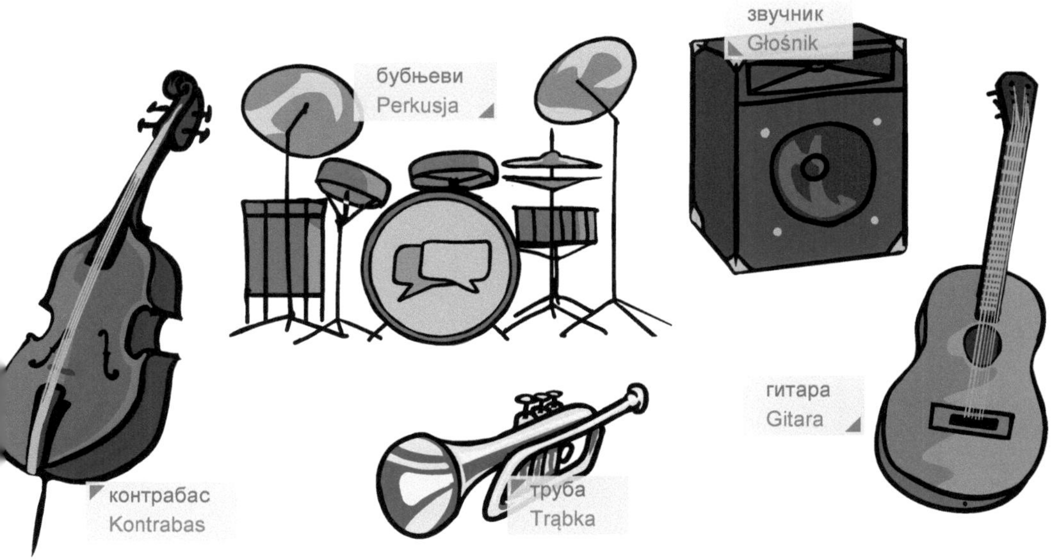

звучник
Głośnik

бубњеви
Perkusja

контрабас
Kontrabas

труба
Trąbka

гитара
Gitara

клавир

Pianino

виолина

Skrzypce

бас

Bas

тимпани

Kotły

удараљке за бубњеве

Bęben

типке клавира

Keyboard

саксофон

Saksofon

флаута

Flet

микрофон

Mikrofon

зоолошки врт

Zoo

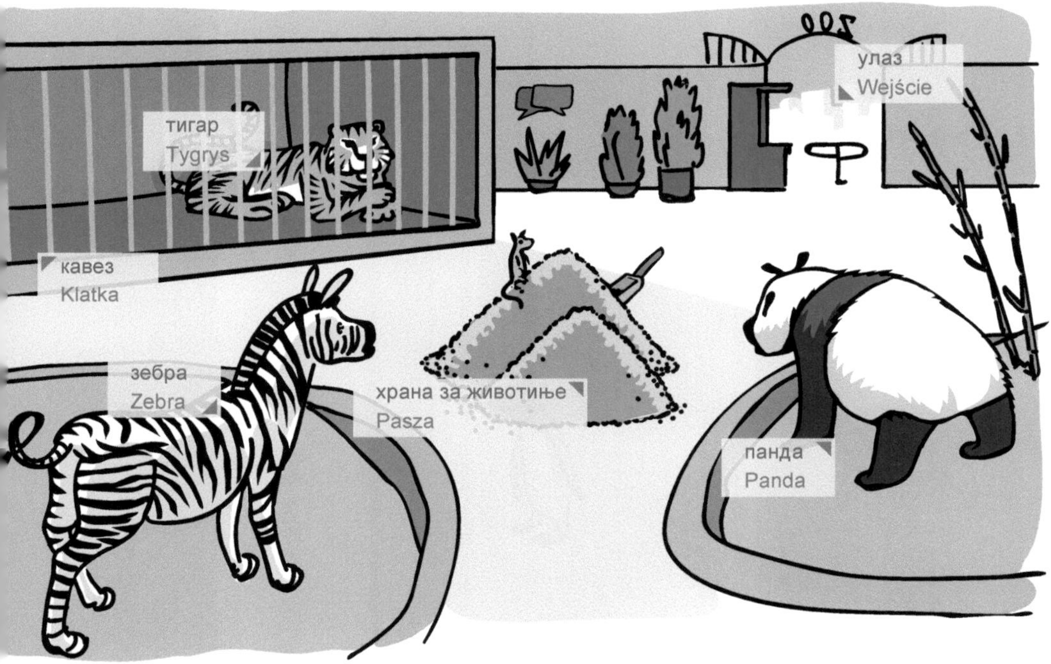
улаз
Wejście
тигар
Tygrys
кавез
Klatka
зебра
Zebra
храна за животиње
Pasza
панда
Panda

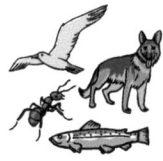

животиње

Zwierzęta

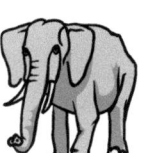

слон

Słoń

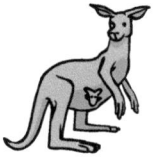

кенгур

Kangur

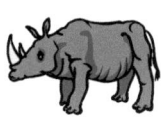

носорог

Nosorożec

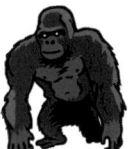

горила

Goryl

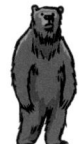

медвед

Niedźwiedź

камила

Wielbłąd

ној

Struś

лав

Lew

мајмун

Małpa

фламинго

Fleming

папагај

Papuga

поларни медвед

Niedźwiedź polarny

пингвин

Pingwin

ајкула

Rekin

паун

Paw

змија

Wąż

крокодил

Krokodyl

чувар у зоолошком врту

Dozorca w zoo

туљан

Foka

јагуар

Jaguar

пони

Kucyk

леопард

Gepard

нилски коњ

Hipopotam

жирафа

Żyrafa

орао

Orzeł

дивља свиња

Dzik

риба

Ryba

корњача

Żółw

морж

Mors

лисица

Lis

газела

Gazela

амерички ногомет
Futbol amerykański

бициклизам
Kolarstwo

тенис
Tenis

кошарка
Koszykówka

пливање
Pływanie

бокс
Boks

хокеј на леду
Hokej na lodzie

фудбал
....
Piłka nożna

бадминтон
....
Badminton

атлетика
....
Lekka atletyka

рукомет
....
Piłka ręczna

скијање
....
Narciarstwo

поло
....
Polo

активности
Działania

смејати се
śmiać się
скочити
skakać
загрлити
objąć
иħи
iść
певати
śpiewać
сањати
marzyć
молити се
modlić się
пољубити
całować

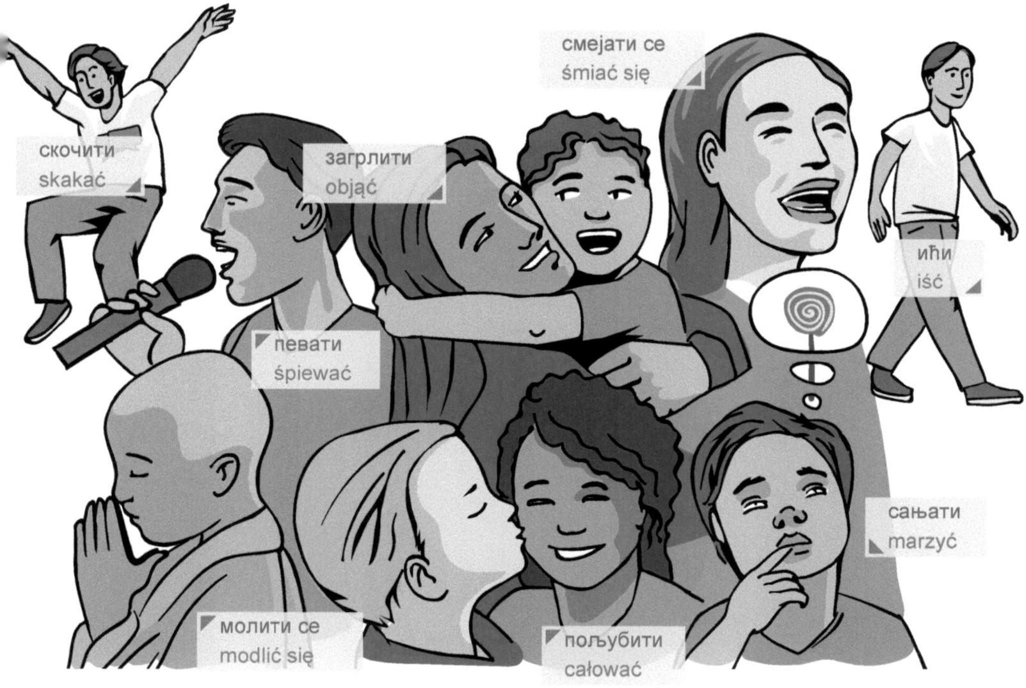

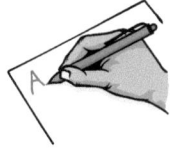

писати

pisać

цртати

rysować

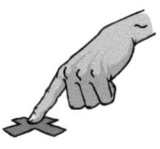

показати

pokazywać

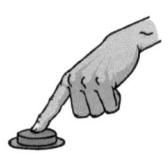

гурати

nacisnąć

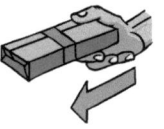

дати

dać

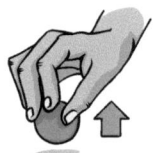

узети

wziąć

имати

mieć

чинити

robić

бити

być

стојати

stać

трчати

biegać

повлачити

ciągnąć

бацити

rzucać

падати

spaść

лежати

leżeć

чекати

czekać

носити

nosić

седити

siedzieć

облачити

zakładać

спавати

spać

пробудити се

budzić się

гледати

spojrzeć

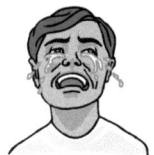

плакати

płakać

миловати

głaskać

чешљати

czesać się

говорити

mówić

разумети

rozumieć

питати

pytać

слушати

słyszeć

пити

pić

јести

jeść

поспремити

sprzątać

волети

kochać

кухати

gotować

возити

jechać

летети

latać

пловити

żeglować

рачунати

liczyć

читати

czytać

учити

uczyć się

радити

pracować

венчати се

wejść w związek małżeński

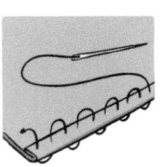

шити

szyć

прати зубе

myć zęby

убити

zabić

пушити

palić tytoń

послати

wysłać

бака
Babcia

деда
Dziadek

отац
Ojciec

беба
Niemowlę

мајка
Matka

кћерка
Córka

син
Syn

гост

Gość

тетка

Ciotka

ујак, стриц

Wujek

брат

Brat

сестра

Siostra

тело

Ciało

чело
Czoło
око
Oko
раме
Ramię
прст
Palec
лице
Twarz
брада
Broda
рука
Ręka
нога
Noga
груди
Pierś
рука
Ramię

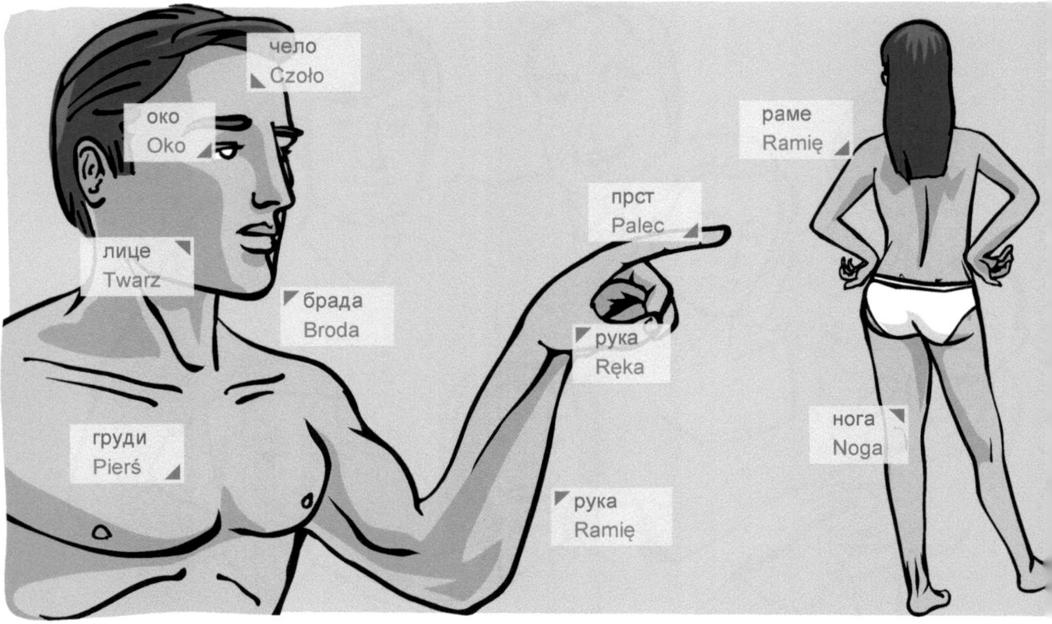

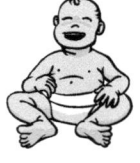

беба

Niemowlę

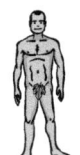

мушкарац

Mężczyzna

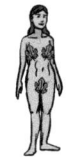

жена

Kobieta

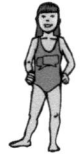

девојчица

Dziewczyna

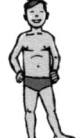

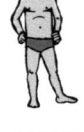

дечак

Chłopiec

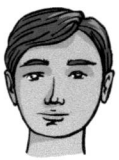

глава

Głowa

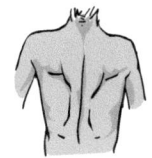

леђа

Plecy

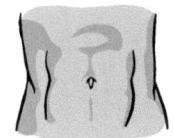

стомак

Brzuch

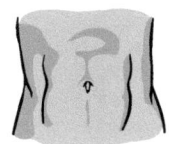

пупак

Pępek

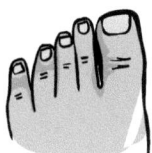

ножни прст

palec nogi

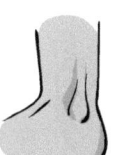

пета

Pięta

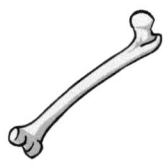

кост

Kość

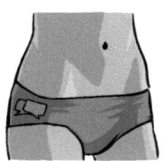

кукови

Biodro

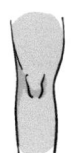

колено

Kolano

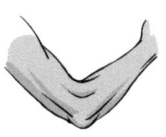

лакат

Łokieć

нос

Nos

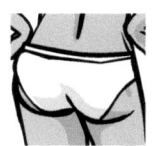

задњица

Pośladki

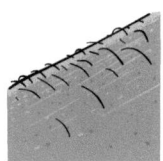

кожа

Skóra

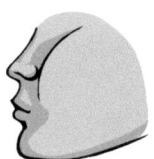

образ

Policzek

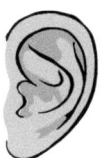

уво

Uszy

усна

Warga

уста

Usta

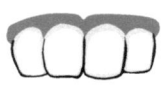

зуб

Ząb

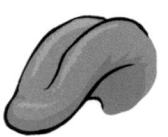

језик

Język

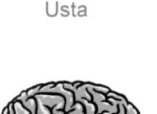

мозак

Mózg

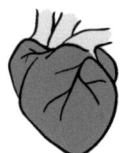

срце

Serce

мишић

Mięsień

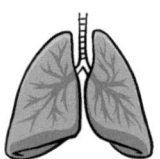

плућа

Płuca

јетра

Wątroba

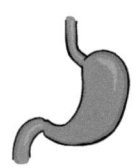

желудац

Żołądek

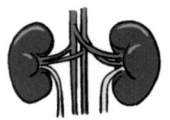

бубрези

Nerki

полни однос

Stosunek płciowy

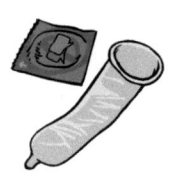

кондом

Kondom

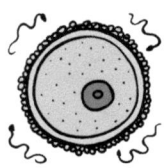

јајна ћелија

Komórka jajowa

сперма

Sperma

трудноћа

Ciąża

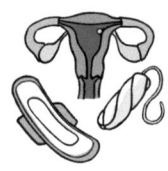

менструација
Menstruacja

вагина
Wagina

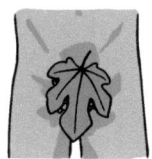

пенис
Penis

обрва
Brew

коса
Włosy

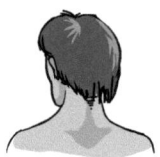

врат
Szyja

болница

Szpital

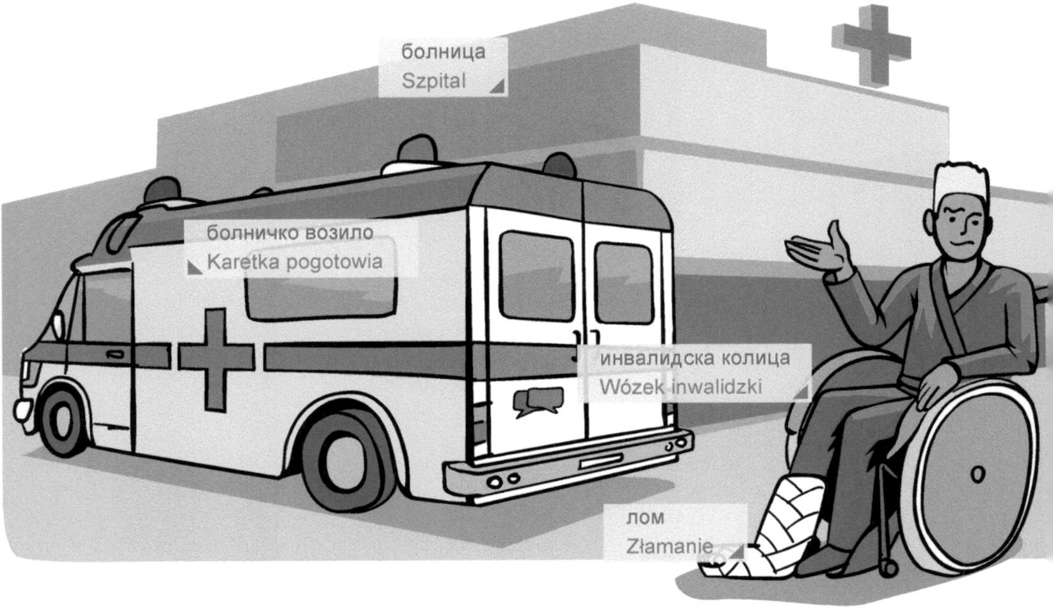

болница
Szpital
болничко возило
Karetka pogotowia
инвалидска колица
Wózek inwalidzki
лом
Złamanie

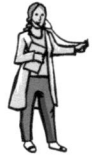

лекар

Lekarz

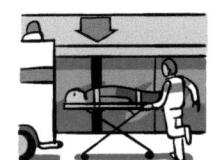

хитна медицинска служба

Izba przyjęć

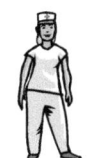

медицинска сестра

Pielęgniarka

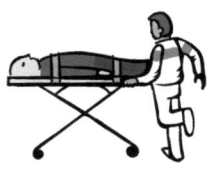

хитни случај

Nagły przypadek

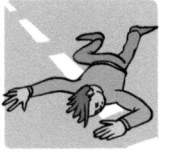

несвест

nieprzytomny

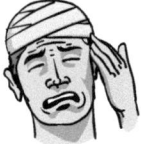

бол

Ból

повреда

Skaleczenie

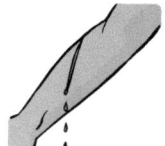

крварење

Krwawienie

срчани удар

Zawał serca

удар

Udar mózgu

алергија

Alergia

кашаљ

Kaszleć

грозница

Gorączka

грипа

Grypa

пролив

Biegunka

главобоља

Ból głowy

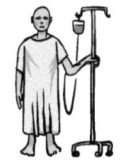

рак

Rak

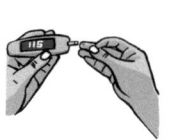

дијабетес

Cukrzyca

хирург

Chirurg

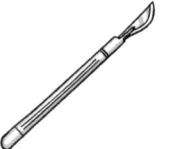

скалпел

Skalpel

операција

Operacja

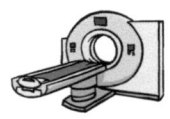

цт
CT

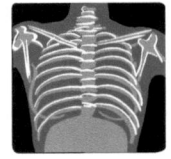

рентген
Rentgen

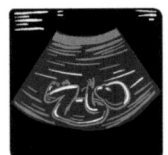

ултразвук
Ultradźwięki

маска
Maska

болест
Choroba

чекаона
Poczekalnia

штака
Kula

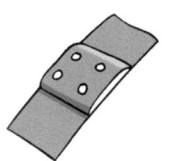

фластер
Plaster

завоj
Opatrunek

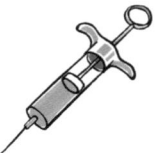

ињекција
Iniekcja

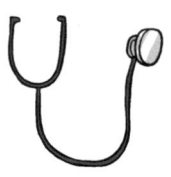

стетоскоп
Stetoskop

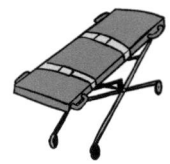

носила
Nosze

термометар
Termometr

рођење
Poród

прекомерна тежина
Nadwaga

слушни апарат

Aparat słuchowy

средство за дезинфекцију

Środek dezynfekcyjny

инфекција

Infekcja

вирус

Wirus

хив / аидс

HIV / AIDS

медицина

Medycyna

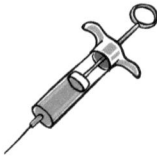

вакцинација

Szczepienie

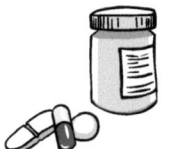

таблете

Tabletki

пилула

Pigułka

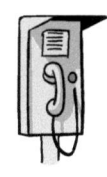

хитни позив

Telefon ratunkowy

уређај за мерење притиска

Ciśnieniomierz krwi

болесно / здраво

chory / zdrowy

помоћ!

Pomocy!

аларм

Alarm

насртај

Napad

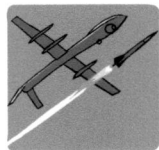

напад

Atak

опасност

Niebezpieczeństwo

излаз у случају нужде

Wyjście awaryjne

пожар!

Pożar!

противпожарни апарат

Gaśnica

незгода

Wypadek

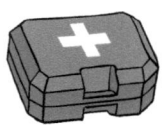

кутија прве помоћи

Walizeczka pierwszej
pomocy

сос

SOS

полиција

Policja

Европа

Europa

Северна Америка

Ameryka Północna

Јужна Америка

Ameryka Południowa

Африка

Afryka

Азија

Azja

Аустралија

Australia

Атлантик

Atlantyk

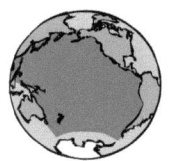

Пацифик

Pacyfik

Индијски океан

Ocean Indyjski

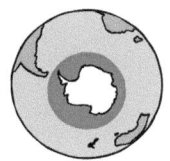

Антарктички океан

Ocean Antarktyczny

Арктички океан

Ocean Arktyczny

Северни рол

Biegun północny

Јужни рол

Biegun południowy

Антарктик

Antarktyda

земља

Ziemia

земља

Kraj

море

Morze

оток

Wyspa

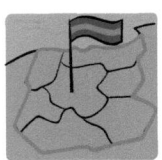

нација

Naród

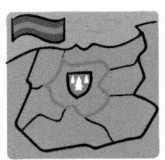

држава

Państwo

земља - Ziemia

бројчаник сата

Cyferblat

сатна казаљка

Wskazówka godzinowa

минутна казаљка

Wskazówka minutowa

секундна казаљка

Wskazówka sekundowa

Колико је сати?

Która godzina?

дан

Dzień

време

Czas

сада

teraz

дигитални сат

Zegarek digitalny

минута

Minuta

час

Godzina

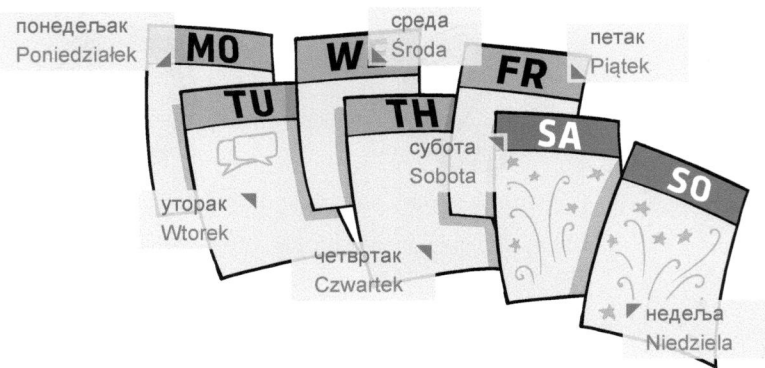

понедељак
Poniedziałek

MO

среда
Środa

W

петак
Piątek

FR

TU

TH

SA

SO

уторак
Wtorek

субота
Sobota

четвртак
Czwartek

недеља
Niedziela

jуче
....
wczoraj

данас
....
dzisiaj

сутра
....
jutro

jутро
....
Rano

подне
....
Południe

вече
....
Wieczór

MO	TU	WE	TH	FR	SA	SU
1	2	3	4	5	6	7
8	9	10	11	12	13	14
15	16	17	18	19	20	21
22	23	24	25	26	27	28
29	30	31	1	2	3	4

радни дани
....
Dni robocze

MO	TU	WE	TH	FR	SA	SU
1	2	3	4	5	6	7
8	9	10	11	12	13	14
15	16	17	18	19	20	21
22	23	24	25	26	27	28
29	30	31	1	2	3	4

викенд
....
Weekend

година
Rok

киша
Deszcz
дуга
Tęcza
ветар
Wiatr
снег
Śnieg
пролеће
Wiosna
јесен
Jesień
лето
Lato
зима
Zima

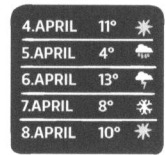

4.APRIL 11°
5.APRIL 4°
6.APRIL 13°
7.APRIL 8°
8.APRIL 10°

етеоролошка прогноза

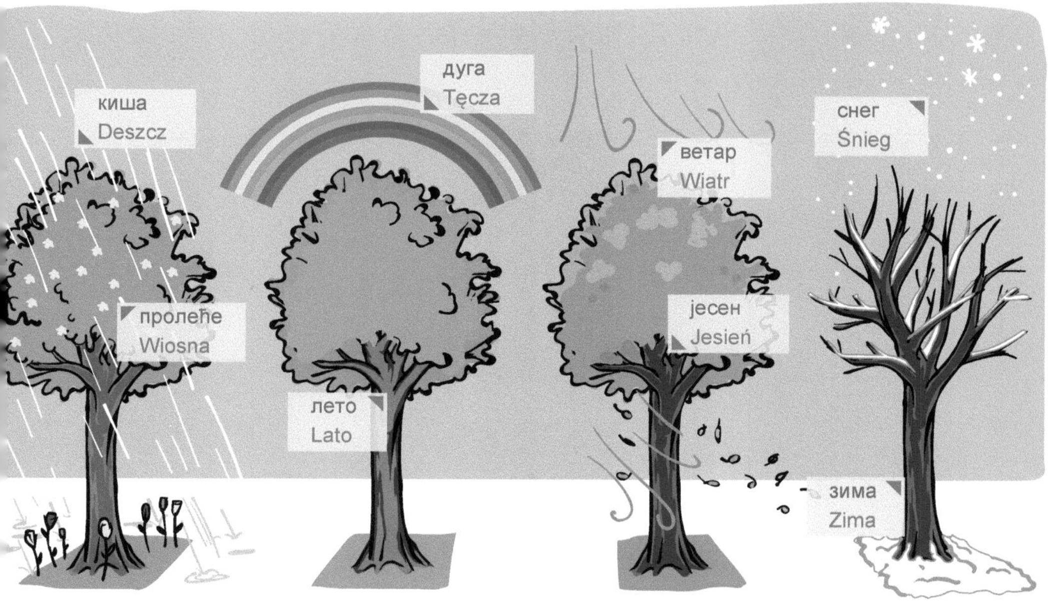

Prognoza pogody

F
C
120
90
60
30
0
-30
40
30
20
10
0
-10
-20

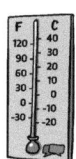

термометар

Termometr

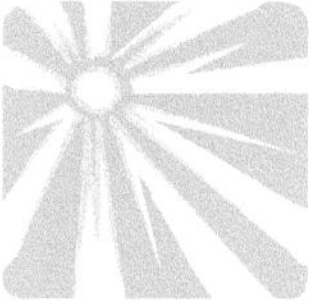

сунчана светлост

Światło słoneczne

облак

Chmura

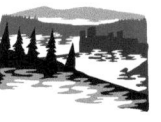

магла

Mgła

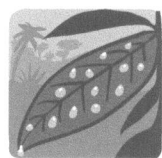

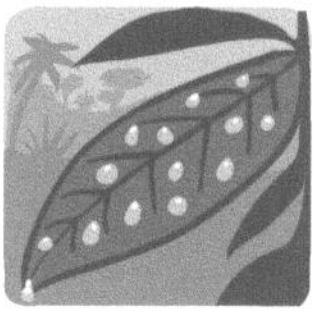

влажност ваздуха

Wilgotność powietrza

муња
Błyskawica

грмљавина
Grzmot

олуја
Sztorm

туча
Grad

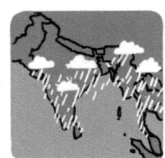

монсун
Monsun

поплава
Potop

лед
Lód

јануар
Styczeń

фебруар
Luty

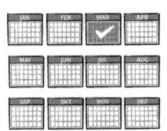

март
Marzec

април
Kwiecień

мај
Maj

јуни
Czerwiec

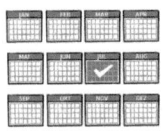

јули
Lipiec

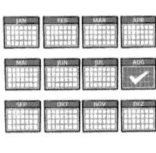

август
Sierpień

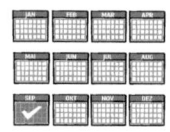

септембар
....
Wrzesień

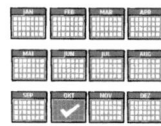

октобар
....
Październik

новембар
....
Listopad

децембар
....
Grudzień

облици
Kształty

круг
....
Koło

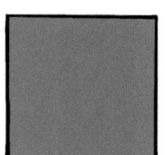

квадрат
....
Kwadrat

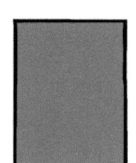

правоугао
....
Prostokąt

троугао
....
Trójkąt

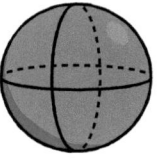

кугла
....
Kula

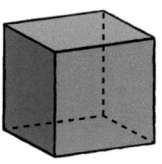

коцка
....
Szescian

боје
Kolory

бела
....
biały

жута
....
żółty

наранџаста
....
pomarańczowy

ружичаста
....
różowy

црвена
....
czerwony

љубичаста
....
liliowy

плава
....
niebieski

зелена
....
zielony

смеђа
....
brązowy

сива
....
szary

црна
....
czarny

много / мало

dużo / mało

љутито / мирно

wściekły / spokojny

лепо / ружно

piękny / brzydki

почетак / крај

początek / koniec

велико / малено

duży / mały

светло / тамно

jasny / ciemny

брат / сестра

brat / siostra

чисто / прљаво

czysty / brudny

потпуно / непотпуно

kompletny / niekompletny

дан / ноћ

dzień / noc

мртво / живо

umarły / żywy

широко / уско

szeroki / wąski

jестиво / неjестиво

jadalny / niejadalny

зло / добро

zły / uprzejmy

узбуђено / досадно

podniecony / znudzony

дебело / мршаво

gruby / chudy

на почетку / на краjу

najpierw / na końcu

приjатељ / неприjатељ

przyjaciel / wróg

пуно / празно

pełen / pusty

тврдо / мекано

twardy / miękki

тешко / лагано

ciężki / lekki

глад / жеђ

głód / pragnienie

болесно / здраво

chory / zdrowy

илегално / легално

nielegalny / legalny

паметно / глупо

inteligentny / głupi

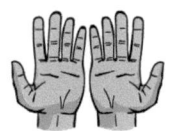

лево / десно

lewo / prawo

близу / далеко

bliski / daleki

ново / половно

nowy / używany

ништа / нешто

nic / coś

старо / младо

stary / młody

укључено / искључено

włącz / wyłącz

отворено / затворено

otwarty / zamknięty

тихо / гласно

cichy / głośny

богато / сиромашно

bogaty / biedny

тачно / погрешно

prawidłowy / błędny

храпаво / глатко

chropowaty / gładki

тужно / сретно

smutny / szczęśliwy

кратко / дуго

krótki / długi

полако / брзо

powolny / szybki

мокро / сухо

mokry/suchy

топло / хладно

ciepły / chłodny

рат / мир

wojna / pokój

0

нула

zero

1

један

jeden

2

два

dwa

3

три

trzy

4

четири

cztery

5

пет

pięć

6

шест

sześć

7

седам

siedem

8

осам

osiem

9

девет

dziewięć

10

десет

dziesięć

11

једанаест

jedenaście

12

дванаест

dwanaście

13

тринаест

trzynaście

14

четрнаест

czternaście

15

петнаест

piętnaście

16

шестнаест

szesnaście

17

седамнаест

siedemnaście

18

осамнаест

osiemnaście

19

деветнаест

dziewiętnaście

20

двадесет

dwadzieścia

100

стотину

sto

1.000

хиљаду

tysiąc

1.000.000

милион

milion

енглески

Angielski

амерички енглески

Angielski amerykański

мандарински кинески

Chiński mandaryński

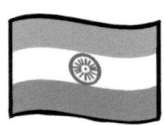

хиндски

Hindi

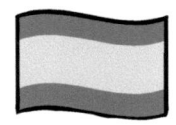

шпански

Hiszpański

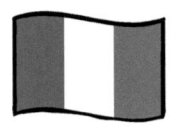

француски

Francuski

арапски

Arabski

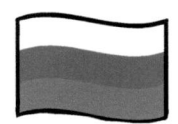

руски

Rosyjski

португалски

Portugalski

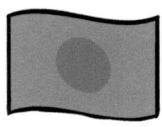

бенгалски

Bengalski

немачки

Niemiecki

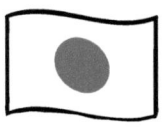

јапански

Japoński

ja
ja

ти
ty

он / она / оно
on / ona / ono

ми
my

ви
wy

они
oni

Ко?
kto?

Шта?
co?

Како?
jak?

Где?
gdzie?

Када?
kiedy?

име
Nazwisko

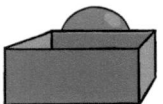

иза

za

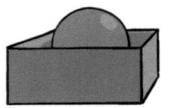

у

w

испред

przed

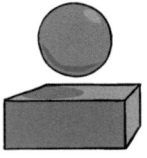

преко

powyżej

на

na

испод

pod

поред

obok

између

między

место

Miejsce